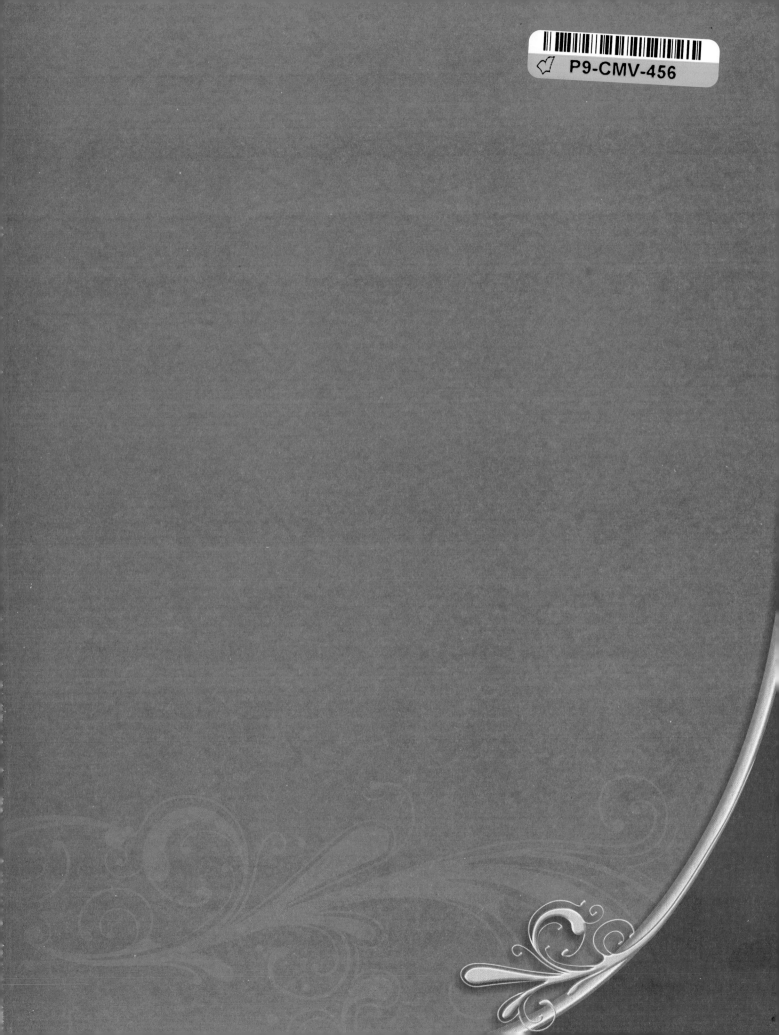

Pablo Bernasconi vive en Bariloche, Argentina, adonde disfruta de la naturaleza, en especial de los animales silvestres, a los que le encanta observar y pintar.

Escribió e ilustró cinco libros infantiles, que fueron traducidos a ocho idiomas: *El Brujo, el Horrible y el libro rojo de los hechizos, El Diario del Capitán Arsenio, Hipo no nada, El Zoo de Joaquín y Black Skin, white cow.* Además ilustró más de diez libros de autores de diferentes nacionalidades.

Obtuvo prestigiosos premios en América y Europa. Actualmente trabaja desde Bariloche para Alemania, EE.UU., Inglaterra, Australia, España, Costa Rica y Japón.

Tesoros de lectura

Lectura/Artes del lenguaje

4000067190

Autores

Elva Durán

Jana Echevarria

David J. Francis

Irma M. Olmedo

Gilberto D. Soto

Josefina V. Tinajero

 Macmillan/McGraw-Hill

Contributors

Time Magazine, Accelerated Reader

RFB&D 🅥
learning through listening

Students with print disabilities may be eligible to obtain an accessible, audio version of the pupil edition of this textbook. Please call Recording for the Blind & Dyslexic at 1-800-221-4792 for complete information.

A

The McGraw·Hill Companies

Mc Graw Hill **Macmillan/McGraw-Hill**

Published by Macmillan/McGraw-Hill, of McGraw-Hill Education, a division of The McGraw-Hill Companies, Inc., Two Penn Plaza, New York, New York 10121.

Printed in the United States of America

ISBN: 978-0-02-199118-1/1, Bk. 3
MHID: 0-02-199118-9/1, Bk. 3
1 2 3 4 5 6 7 8 9 (083/043) 12 11 10 09 08

Tesoros de lectura

Lectura/Artes del lenguaje

Bienvenidos a
Tesoros de lectura

Imagina cómo sería ser un astronauta y viajar por el espacio, o aprender sobre las familias de diferentes animales, o leer sobre un loro que pierde su voz. Tu **libro del estudiante** contiene éstas y otras selecciones premiadas de ficción y no ficción.

Mc Graw Hill **Macmillan/McGraw-Hill**

Creatividad

¡A divertirse!

La gran pregunta

¿Cómo nos divertimos?

Busca más información sobre cómo se divierten los niños en **www.macmillanmh.com**.

La **gran** pregunta

¿Cómo nos divertimos?

Si pudieras hacer lo que quisieras, ¿qué harías? ¿Harías algo con papel o con bloques? ¿Leerías un libro? ¿Jugarías al fútbol con tus amigos? ¿O solo te sentarías a la sombra de un árbol a soñar despierto?

Hay muchas maneras en las que puedes divertirte. ¿Qué te hace reír a ti y a tus amigos? ¿Piensas que los niños de otros lugares se reirían de esas mismas cosas? ¿Cómo te diviertes?

Actividades de investigación

Haz un libro de chistes y adivinanzas. Pídeles a familiares y amigos que compartan contigo sus chistes favoritos. Anota uno. Haz un dibujo que vaya con el chiste. Junta todos los chistes y adivinanzas en un libro de la clase.

Anota lo que aprendes

Mientras lees, usa el boletín con tres solapas para que anotes las diferentes formas de divertirse. Entre las categorías incluye Juegos, Hacer cosas o Tonterías. Escribe y dibuja sobre cada una de esas formas de divertirse.

MODELOS DE PAPEL®
Ayudas de estudio

Es divertido _____

Es divertido _____

Es divertido _____

Taller de investigación

Haz la investigación de la Unidad 3 con:

Guía de investigación

Sigue esta guía paso a paso para completar tu proyecto de investigación.

Recursos en Internet

- Buscador por temas y otras herramientas de investigación
- Videos y excursiones virtuales
- Fotos y dibujos para presentaciones
- Artículos y recursos relacionados en Internet

Busca más información en
www.macmillanmh.com

Gente y lugares

**Museo Alameda
San Antonio, Texas**

Es el museo hispano más grande del país, donde se puede apreciar el pasado, presente y futuro de la historia de la cultura hispana en Estados Unidos.

Buenos momentos

A platicar

¿Cuándo pasas un buen momento?

Conéctate Busca más información sobre buenos momentos en **www.macmillanmh.com**

Una buena amiga

ilustraciones de
Javier Burgos

Es un **día** de sol. Lina y sus amigos están en una carrera. Todos van a correr.

SALIDA

El gato Tito se resbala **bajando** por la loma. Lina lo ve. Tito no puede correr.

Lina se queda con Tito. No tiene prisa.
Ella lo ayuda y lo **cuida** muy bien.

Lina es una buena amiga. Por eso en la meta, recibe de regalo un premio de plata.

Comprensión

Género

En un cuento en rima algunas palabras terminan con el mismo sonido.

Visualizar

Volver a contar

Mientras lees, usa esta **tabla de volver a contar**.

Volver a contar	
1 →	2
3 →	4
5 →	6

Lee para descubrir

¿Cómo cuida Martín a su vaquita?

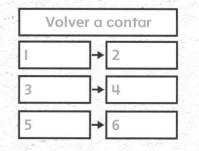

La vaquita de Martín

Valentín Rincón
ilustraciones de Érika Magaña

Autor
premiado

17

Un niñito chiquitín
tiene una vaca pintita.
Él es mi amigo Martín,
ella se llama Bonita.

La vaquita de Martín
va **bajando** la ladera,
va sonando su tin tin,
va camino a la pradera.

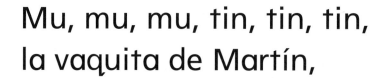

Mu, mu, mu, tin, tin, tin,
la vaquita de Martín,

con su mu, mu, mu, con su tin, tin, tin,
la vaquita de Martín.

24

Él la **cuida** todo el **día**
y le procura alimento;
ella muge de alegría,
y él se siente muy contento,

pero dormido se queda
cuando el cansancio lo vence
y Bonita lo despierta
de una lamida en la frente.

Mu, mu, mu, tin, tin, tin,
la vaquita de Martín,

con su mu, mu, mu, con su tin, tin, tin,
la vaquita de Martín.

La vaca pinta Bonita
va bajando por el cerro
y, como va contentita,
va sonando su cencerro.

Y, cuando el sol se ha metido
y la noche al pasto cubre,
con Bonita sueña el niño,
correteando en una nube.

Mu, mu, mu, tin, tin, tin,
la vaquita de Martín...

La mamá y Lola lo toman de la mano.
Cuando llega una ola, Dani salta, y
mira a su mamá con una **sonrisa**.

Género

Una fantasía es una historia que no puede suceder en la realidad.

✔ **Estructura del texto**

Comparar y contrastar

Mientras lees, usa esta **tabla de comparar y contrastar.**

Cómo es Rosa Robot	Cómo es Yeyo
1	1
2	2
3	3

Lee para descubrir

¿Por qué a Rosa Robot le gustan las cosas viejas?

Rosa Robot

Mary Anderson
ilustraciones de Michael Garland

A Rosa Robot le gustaba buscar
cosas viejas. A Yeyo, su hermano
menor, le gustaba ayudarla.

—Rosa, ¿qué harás con estos trastos
viejos? —preguntó Yeyo.

—Los usaremos —dijo Rosa.

Ellos pasaron junto a Lino y su papá.

—Esto está roto —dijo Lino.

—Lo vamos a llevar al basurero.

—Pero son cosas buenas, —dijo
Rosa— yo puedo usarlas.

Y Lino le dio los trastos a Rosa.

51

Rosa y Yeyo se fueron a casa.

—Rosa, ¿más trastos viejos?
—preguntó su mamá.

—¿Qué harás con todo eso?
—preguntó su papá.

—Lo voy a usar —dijo Rosa.

Rosa se fue a su habitación.

—Yeyo, ven a ayudarme —dijo— te voy a hacer un nuevo juguete para que saltes.

Rápidamente Rosa terminó.

—Ven Yeyo —dijo.

—Rosa, ¡mira cómo salto! —dijo
Yeyo—. ¡Tú haces las mejores
cosas!

—¿Qué ruido es ese? —preguntó mamá.

—¿Qué está pasando? —preguntó papá.

—Vamos a ver —dijeron.

—¡Yeyo, deja de saltar! —dijo mamá.

—Rosa, ¡mira este desorden! —dijo papá. Luego, mamá y papá hablaron al mismo tiempo:

—Tenemos que salir de todos estos trastos —dijeron.

—Pero, ¡si son cosas buenas! —dijo
Rosa luego de tomar un poco de **aire**.

—Mira, hice esto para leer en la cama.

—Y ella me hizo esto para tocar
canciones —dijo Yeyo.

—¡Qué lindo! —dijo mamá— pero este desorden tiene que desaparecer.

—Mañana llevaremos lo que no usas al basurero cerca del **mar** —dijo papá.

Cuando mamá y papá se fueron, Rosa vio sus cosas.

—¡Tengo un plan! Puedo limpiar el cuarto y quedarme con mis cosas —dijo.

—¿Puedo ayudar? —dijo Yeyo.

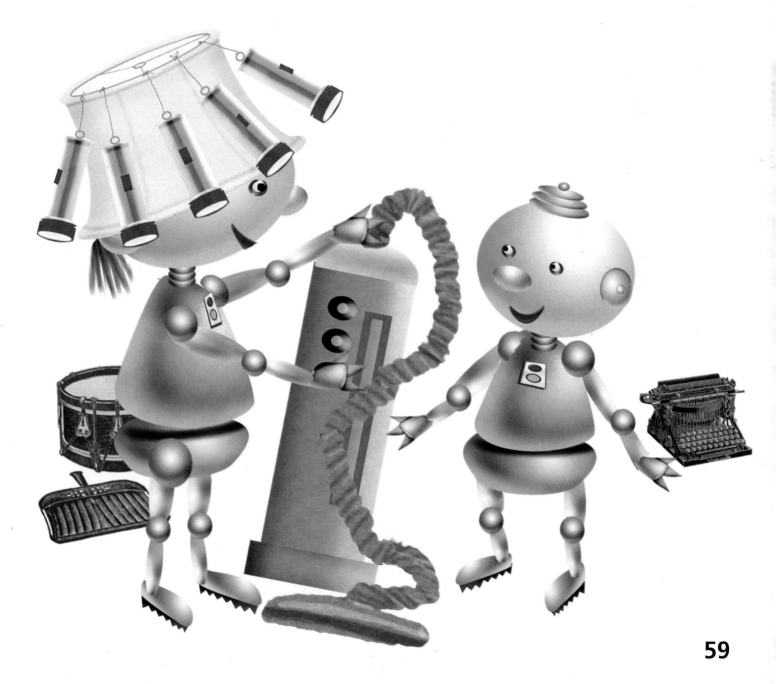

Rosa y Yeyo se pusieron a trabajar.

—Podemos usar muchas de estas cosas —dijo Rosa.

—Espero que esto les guste a mamá y papá —dijo Yeyo.

Rosa y Yeyo trabajaron y trabajaron, hasta que terminaron. Rosa mostró una **sonrisa**.

—¡Es lo mejor que he hecho! —dijo.

—Voy a traer a mamá y papá —dijo Yeyo.

—¡Mamá, papá! —dijo Yeyo— miren lo que hicimos.

—¿Qué es eso? —dijeron mamá y papá.

—Ya verás —dijo Rosa—. Sólo tengo que jalar esto.

63

—¡Qué cuarto tan limpio! —dijo
mamá.

—¡Y usaste tantos trastos viejos!
—dijo papá.

—¡Mira! —dijo Yeyo—. Estas son las cosas que no usamos. Pueden llevarlas al basurero.

—Pero Rosa puede hacer algo nuevo con esto —dijeron mamá y papá.

—¡Yo puedo! —dijo Rosa.

¿Quiénes crearon Rosa Robot?

Mary Anderson dice: "Soy igual que Rosa Robot. Me encanta hallar cosas viejas. Mi casa está llena de cosas que hallo y arreglo."

Michael Garland pinta, dibuja, y usa la computadora para crear sus imágenes.

Otro libro
de Michael Garland

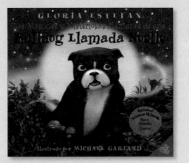

Busca más información sobre Mary Anderson y Michael Garland en **www.macmillanmh.com**.

✔ Propósito de la autora

Mary Anderson habla sobre una máquina inusual. Escribe sobre una máquina que te gustaría crear.

 Pensamiento crítico

Volver a contar

Usa las tarjetas para volver a contar el cuento.

Tarjetas
Cuéntalo otra vez

Pensar y comparar

Cómo es Rosa Robot	Cómo es Yeyo
1	1
2	2
3	3

1. ¿En qué se parecen y en qué se diferencian Rosa y Yeyo?

2. ¿Te gustaría tener una amiga como Rosa Robot? ¿Por qué?

3. ¿Qué clase de Robot te gustaría hacer? ¿Qué haría?

4. ¿De qué manera Rosa y Yeyo son como Dani y Lola de "Dani y el mar"?

Poemas escritos por niños

Poesía

Género
Un **poema** usa palabras de manera imaginativa.

Elementos literarios
La **elección de las palabras** es importante en un poema. Los poetas usan palabras interesantes para escribir sobre cosas de todos los días.

Busca más información sobre ideas creativas en **www.macmillanmh.com**.

En todas partes hay niños que escriben poesía. Los siguientes niños hallaron nuevas formas de escribir sobre el cielo, el mar y el sol.

El cielo está animado

Brilla
el faro
en la isla.
Brillan
los helicópteros en el cielo.
Relucen los barcos también.
Y con un estallido
alguien lanza
fuegos artificiales.
Hoy el cielo
está muy animado.

Ishikawa Mwumi
Kindergarten, Japón

El mar

La niebla cubre
la isla Kapiti

las colinas redondas
parecen panecillos

el sol derrama brillo
sobre el mar

el viento escribe algo
haciendo líneas sobre el agua.

Laura Ranger
7 años, Nueva Zelanda

Amanecer

Sol, sol, sol
sube y sal de las nubes
extiende tus rayos
las flores se alegrarán
los pájaros cantarán
y yo me alegraré
y cantaré también.

Camille Pabalan
6 años, Canadá

✔ Pensamiento crítico

¿Sobre qué tema piensas que podría
escribir un poema Rosa Robot?

Escribe sobre hacer algo nuevo

Ramón escribió sobre cómo hacer un tambor.

Mi tambor es una cubeta vieja.

Los palos de tocar son dos cucharas.

¡Qué divertido es tocar  mi tambor!

Tu turno

¿Sabes cómo hacer algo nuevo usando algo viejo?

Escribe sobre eso.
Di cómo lo haces.

Control de escritura

 ¿Escribí sobre algo que sé hacer y describí cómo hacerlo?

 ¿Usé verbos en presente?

 ¿Usé correctamente los signos de puntuación?

A platicar

¿Qué tipos de arte conoces? ¿Qué tipo de arte te gusta hacer?

Conéctate

Busca más información sobre cómo hacer arte en **www.macmillanmh.com**.

Cómo hacer arte

Haz un muñeco

✔ Mis palabras

gente

pedazo

pronto

cara

forma

a través

atrás

Los muñecos son como la **gente**. Vienen en muchos tamaños y formas.

¿De qué piensas que está hecho este muñeco? ¡Sí! Está hecho con un **pedazo** de tela.

Tú puedes hacer un muñeco
con un calcetín. Rellena el calcetín.
Luego cóselo. **Pronto** podrás jugar
con tu muñeco.

77

Género

Un artículo de no ficción da información sobre personas y cosas reales.

Resume

Idea principal y detalles

Busca detalles que dan información sobre las máscaras.

¡Máscaras!
¡Máscaras!
¡Máscaras!

Una máscara oculta tu **cara**. Cuando te pones una máscara, puedes representar una historia. Puedes actuar como no fueras tú mismo.

78

En todas partes, la gente hace
máscaras. Las máscaras ayudan
a la gente a contar cuentos.
También, a divertirse.

Esta máscara es de África. ¿Qué
figuras puedes ver en la máscara?
¿Qué animal está en la parte
de arriba?

Las máscaras en esta página son de
Japón. La gente las usa cuando actúan
en obras de teatro. ¿Qué cuentos se
podrían contar con estas máscaras?

Mira este pájaro. ¿Cómo crees que hicieron esta máscara? ¿De qué está hecha?

Hay que tener muchas destrezas para hacer una máscara como ésta.

Esta máscara es de Perú. Tiene
la **forma** de un sol. Mírala.
¿Puedes ver serpientes?

Haz una máscara

Tú también puedes hacer una máscara. Primero, toma un plato. Córtale unos agujeros. Asegúrate de que puedes ver **a través** de los agujeros.

Después, colorea la máscara. Pégale cosas divertidas. Pronto tendrás una máscara.

Por último, pon una banda elástica en la parte de **atrás** de la máscara. Póntela. ¿Quién eres?

 **Pensamiento crítico**

Cuenta lo que aprendiste

¿Qué aprendiste sobre cómo hacer máscaras?

Pensar y comparar

1. ¿Cuál es la idea principal del artículo?

2. ¿Has usado una máscara alguna vez? ¿Cómo era?

3. ¿En qué ocasiones la gente usa máscaras?

4. ¿Qué preferirías hacer, un muñeco con un calcetín o una máscara? ¿Por qué?

Muestra lo que sabes

Piensa y busca
Halla la respuesta
en más de un lugar.

LECTURA COMPARTIDA

El arte en las cuevas

En 1940, cuatro niños vieron un agujero
en el suelo. Se trataba de una cueva.

Los niños entraron. Ellos vieron muchas
pinturas en las paredes. Eran de animales
y personas. Había pinturas de aves, peces,
caballos y toros.

Los niños le contaron a la gente sobre las
cuevas. Los científicos vinieron, y dijeron que
las pinturas tenían miles de años. Mostraban
cómo vivía la gente de esa época.

Sigue

Instrucciones: Contesta las preguntas.

I ¿En qué lugar hallaron las pinturas?

A

B

C

2 La cueva fue hallada por

A científicos.

B cuatro niños.

C un gato.

Consejo

Sigue leyendo para hallar la respuesta.

3 La gente que pintó los dibujos en las cuevas

A vivió hace mucho tiempo.

B todavía vive.

C vivió en 1940.

Escribe una invitación

Luis escribió una invitación para una exposición de arte.

Exposición de arte
Vengan a nuestra exposición de arte.
El viernes en la clase de la Srta. López.
Pintamos animales.
¡Son muy divertidos!

Tu turno

Organiza una exposición de arte para tu clase. Escribe una invitación. Di de qué trata la exposición.

Luego, escribe cuándo y dónde será la exposición.

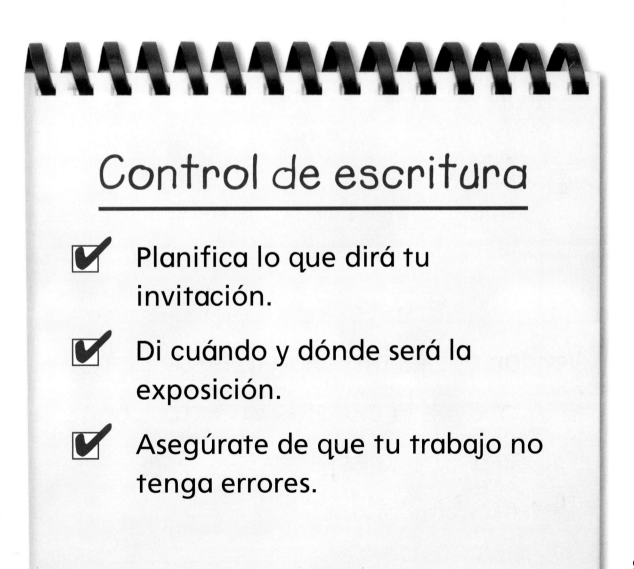

Control de escritura

- ☑ Planifica lo que dirá tu invitación.

- ☑ Di cuándo y dónde será la exposición.

- ☑ Asegúrate de que tu trabajo no tenga errores.

Diversión en familia

A platicar

¿Qué te gusta
hacer con tu
familia? ¿Cómo se
divierten juntos?

Busca más información
sobre diversión familiar en
www.macmillanmh.com.

Sábado de paseo

ilustraciones de
Santiago Cohen

Hoy es sábado. **Este** es el día
en el que Teresa y José van de
paseo con sus papás.

La calle está decorada. También hay un espectáculo de títeres. Por eso la calle está **tan** animada.

—¿**Quieres** mirar los títeres? —dijo José a Teresa.

—Sí, vamos **todos** —dijo Teresa.

—Primero podemos tomar un helado —dijo el papá.

Teresa toma un helado de lima. Le gusta la lima por su **color**. José toma un helado de chocolate muy grande.

Comprensión

Género
Una obra de teatro es un cuento que se presenta en un escenario.

Estructura del texto
Hacer predicciones
Mientras lees, usa esta **tabla de predicciones**.

Lo que predigo	Lo que sucede

Lee para descubrir

¿Quién hará reír a Lucas?

¿Por qué lloras, Lucas?

Obra de teatro

Autora premiada

Aída Marcuse

ilustraciones de G. Brian Karas

Los personajes

Lucas

Kiko

Roque

Carola

Mamá

Papá

Abuela

Abuelo

 Lucas: ¡Bua! ¡Bua! ¡Bua!

Papá: Lucas, chiquito lindo, ¿lloras porque **quieres** comer?

Mamá: No, comió pan con queso en el parque.

Carola: ¿Por qué Lucas está **tan** triste?

Roque: Lucas, ¿quieres mi gatito?

Lucas: ¡No, no! ¡No quiero! ¡Bua, bua!

 Carola: ¡Vamos **todos** a cantar!
"*Caracol, col, col...*"

Roque: "*Hico, hico, caballito...*"

Lucas: ¡No, no! ¡No quiero! ¡Bua, bua!

 Abuela: ¿Qué le pasa a Lucas?

 **Abuelo:** ¿Cómo lo haremos reír?

Abuela: ¡Vamos a aplaudir!

Abuelo: ¡Aplaude así, Lucas!

Abuela: ¡Vamos, aplaude así!

Lucas: ¡No, no! ¡No quiero! ¡Bua, bua!

 Carola: Este patito cómico lo hará reír.

Mamá: No llores, Lucas. Mejor di *cua, cua*. Di *cua, cua* como yo. ¡*Cua, cua*!

Lucas: ¡No, no! ¡No quiero! ¡Bua, bua!

 **Papá:** ¡Mira, Lucas! ¡Mira cómo hago burbujas!

Abuela: ¡Mira qué grande es ésta!

Lucas: ¡No, no! ¡No quiero! ¡Bua, bua!

 **Carola:** Lucas, mira mi patito cómico.

Lucas: ¡Bua, bua, bua!

 **Roque:** Aquí tienes mi gatito.

 **Abuela:** ¡Mírame, Lucas!

Lucas: ¡Bua, bua!

Papá: ¡Mira el lindo **color** de las burbujas!

107

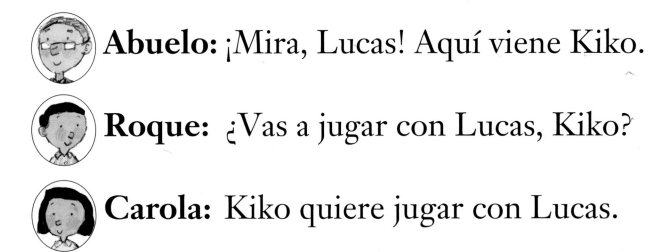

Abuelo: ¡Mira, Lucas! Aquí viene Kiko.

Roque: ¿Vas a jugar con Lucas, Kiko?

Carola: Kiko quiere jugar con Lucas.

 Abuela: ¡Mira cómo da vueltas y vueltas! ¡Kiko también es cómico!

 Carola: ¡Miren cómo se ríe Lucas de Kiko!

Abuelo: ¡Qué cosas hace Kiko!

Roque: ¡Qué perrito tan bueno! ¡Kiko, toma esto! Y ahora, salta.

Lucas: ¡Salta, Kiko, salta!

Kiko: ¡Guau! ¡Guau!

Mamá: Por fin, Lucas está contento.
Es hora de acostarlo.

Carola: Ahora, Lucas se irá a dormir.

Kiko: ¡Y yo también!

¡A reír con Aída Marcuse!

Aída Marcuse dice, "Escribí *¿Por qué lloras, Lucas?* porque todas las madres tratan de hacer felices a sus niños. Todavía recuerdo el día en el que mi hijito no dejaba de llorar. ¡Hasta que por fin nos dimos cuenta de qué era lo que quería! Espero que hayan disfrutado esta obra de teatro. ¡A mí me encantó escribirla!"

Conéctate
Busca más información sobre Aída Marcuse en **www.macmillanmh.com**

✔ Propósito de la autora

Aída Marcuse quería escribir sobre cómo hacer reír a un niño triste. ¿Qué te hace reír? Escribe sobre eso.

 Pensamiento crítico

Volver a contar

Usa las tarjetas para volver a contar el cuento.

Tarjetas
Cuéntalo otra vez

Pensar y comparar

Lo que predigo	Lo que sucede

1. ¿Qué crees que hará la familia de Lucas la próxima vez que él llore?

2. ¿En qué se parece la familia de Lucas a la tuya?

3. ¿De qué otras maneras puedes hacer reír a un niño pequeño?

4. ¿Qué cosas crees que hacen reír a los niños del cuento "Sábado de paseo"?

Género

En un texto de no ficción se da información sobre un tema.

✔ Elementos del texto

Una tabla muestra información en hileras y columnas.

Palabras clave

tía

abuelo

abuela

Conéctate

Busca más información sobre familias en **www.macmillanmh.com.**

Con la familia

¿Quién vive contigo? ¿Quiénes son parte de tu familia?

Vas a conocer a dos niños y a sus familias.

Me llamo Mateo. Vivo con mi mamá, mi papá y mi hermano Ramón. Mi **tía** Carola y mi **abuelo** también viven con nosotros.

Todos juntos vamos al parque a jugar béisbol. A mí me gusta batear. A Ramón le gusta atrapar la pelota. Ramón juega muy bien.

Me llamo Carmen. Vivo con mi mamá y con mi **abuela**.

Nos divertimos mucho juntas. Nos gusta inventar canciones divertidas. También representamos nuestras canciones.

Esta tabla muestra las familias de Mateo y de Carmen. ¿En qué se parecen sus familias? ¿En qué se diferencian?

Nuestras familias

	Mateo	Carmen
Padres	😊😊	😊
Niños	😊😊	😊
Abuelos	😊	😊
Tías y tíos	😊	

✔ Pensamiento crítico

Si agregas a la tabla la familia de *¿Por qué lloras, Lucas?*, ¿cómo quedaría ésta?

Verbos en futuro

Verbos que indican que la acción no ha pasado todavía, pero pasará.

Haz un cartel

Ada hizo un cartel sobre una obra de teatro.

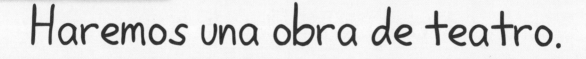

Haremos una obra de teatro.

Cantaremos y bailaremos.

¡Será muy cómica!

¡Vengan a verla!

Tu turno

Supón que tu clase hará una obra de teatro. Piensa por qué la obra será especial.

Haz un cartel para anunciarla, y di por qué la obra será especial.

Control de escritura

 ¿Es mi cartel fácil de leer?

 ¿Dice mi cartel por qué la obra será especial?

 ¿Usé **verbos** que expresan una acción que no ha pasado todavía, pero que pasará?

Niños alrededor del mundo

La fiesta de Gema

ilustraciones de
Elivia Savadier

Mis palabras

bailar

traje

ruido

preguntó

fiesta

Gema y Lucho están aburridos.
Su mamá no los deja salir.
No saben a qué pueden jugar.

—Gema, vamos a **bailar** —dijo Lucho.

—Podemos usar un **traje** —dijo Gema.

Gema imagina que es una dama.
Lucho se pone ropa de pirata.
Los dos comienzan a bailar y a
saltar.

—¿Qué es ese **ruido**? —**preguntó** la mamá.
—¡Es una **fiesta** mamá! ¡Vamos a bailar!

Género

Una ficción realista es una historia que puede suceder en la realidad.

Volver a leer

Sacar conclusiones

Mientras lees, usa este **diagrama de sacar conclusiones**.

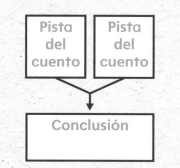

Pista del cuento · Pista del cuento → Conclusión

Lee para descubrir

¿Le gustó bailar al niño?

Bailar y bailar

Vivian Mansour
ilustraciones de John Parra

Autora
e
ilustrador
premiados

—¿No te gustaría **bailar** con nosotros en la **fiesta**? —me **preguntó** ella, la más bella.

Dije que sí.
Pero a veces uno
dice "sí" y realmente
quiere decir "no".

Yo no sé bailar. Ni me gusta. Pero ahora necesito botas de charol, un gran sombrero bordado y un **traje** negro de charro para bailar el Jarabe Tapatío.

—¿Ya no quieres jugar béisbol el fin de semana? —preguntó mi madre.

Dije que no. Pero a veces uno dice "no" y realmente quiere decir "sí".

Y tuve que pisar fuerte y hacer mucho **ruido** con mis botas. Hacerlas sonar tres veces sobre un piso de madera.

Y arrojar con mucha energía
el sombrero. Y bailar y bailar.

—¿Estás cansado? —preguntó
la maestra.
—Un poco —dije yo.

Y a veces
cuando uno dice
"un poco" realmente
quiere decir
"mucho".

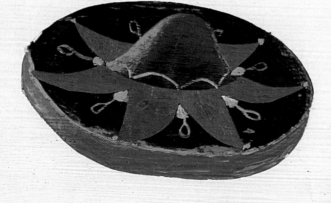

Bailar es algo raro. Primero piensas mucho. Pero después de un rato te llenas de música y ya no piensas en nada. Así me pasó el día de la fiesta.

—¿Qué tal? ¿Te gustó bailar conmigo en lugar de ir a jugar béisbol? —me preguntó ellà cuando terminó todo.

Y cuando dije
"me encantó"
realmente quise decir
"me encantó".

La magia de leer

Vivian Mansour es mexicana. Dice que aunque nunca ha escalado una montaña ni ha visto un correcaminos, los libros y la imaginación le han permitido vivir experiencias y conocer muchas cosas.

John Parra creció en Santa Barbara, California. Él dice que su herencia mexicana es una inspiración constante en su trabajo.

Conéctate

Busca más información sobre Vivian Mansour y John Parra en **www.macmillanmh.com**.

✔ Propósito de la autora

Vivian nos muestra que bailar es muy divertido. ¿Cuál es tu baile favorito? Escribe sobre eso.

✔ Pensamiento crítico

Volver a contar

Usa las tarjetas para
volver a contar el cuento.

Tarjetas
Cuéntalo otra vez

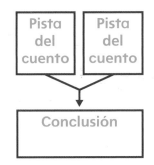

Pensar y comparar

1. ¿Qué hará el niño del
cuento la próxima vez que
lo inviten a participar en
una fiesta de la escuela?

2. ¿Te gustaría bailar en una fiesta
como en la que bailó el niño del
cuento? ¿Por qué?

3. ¿Qué tipo de baile te gustaría
hacer? ¿Por qué?

4. ¿En qué se parece el niño
de *Bailar y bailar* a Gema y
Lucho, los niños de
"La fiesta de Gema"?

143

El Año Nuevo chino

El Año Nuevo chino es muy divertido. Veamos qué hacen los niños para **celebrar** esta fecha.

Cosas por hacer:

1. Ayudar a cocinar.

2. Hacer un traje.

3. Buscar una bandera.

4. Comprar regalos.

Para empezar, Ming Lee hace una lista. Tiene mucho que hacer.

El gran día, Ming Lee va con su mamá
y su papá a visitar a sus **familiares**.
Llevan regalos. Los niños como Ming
Lee reciben sobres rojos con dinero
adentro. Comen cosas muy ricas,
como el pastel de Año Nuevo.

El día termina con un gran **desfile**. La gente se viste con trajes tradicionales. Todos agitan grandes banderas. ¡Es una manera muy divertida de empezar el año nuevo!

Pensamiento crítico

¿Cómo celebras el año nuevo? ¿Cómo crees que lo celebrarían los niños de *Bailar y bailar*?

Escritura

Concordancia entre sustantivo y verbo

El **verbo** tiene que **concordar**, o estar de acuerdo, con el **sustantivo** del cual habla.

Nina escribió sobre jugar a las estatuas.

Me gusta jugar a las estatuas. Cuando la maestra nos dice que paremos, nadie se mueve. Es bien difícil no reírse.

148

Tu turno

¿Cómo te diviertes en
la escuela?

Escribe sobre eso.
Di lo que te gusta y
por qué.

Control de escritura

 ¿Escribí sobre cómo me divierto
en la escuela?

 ¿Incluí detalles que describen
lo que hago?

 ¿Hay **concordancia entre
sustantivos y verbos**?

Carola y Azucena

Azucena   **Carola**

Carola: Hola Azucena, ¿quieres jugar afuera?

Azucena: Sí, pero sólo tengo un rato para jugar.

Carola: Vamos al parque.

150

Azucena: El parque queda muy lejos.

 Carola: ¿Qué quieres hacer?

 Azucena: ¡Montar bici!

 Carola: Si vamos en bici, llegaremos rápido al parque.

 **Azucena:** ¡Muy bien, Carola!

Carola: Ahora podemos jugar en el parque y montar bici.

Hecho en casa

Hoy en día, los niños van de tiendas para comprar juguetes y juegos. ¿Qué hacían los niños en el pasado? Muchos niños hacían los juguetes en casa. Usaban cosas que tenían a la mano.

Los niños hacían papalotes en casa. Usaban bolsas, palos y cuerda.

Los niños hacían muñecas de tela. Cortaban figuras, y las rellenaban con trapos. Luego, las cosían. Los niños hacían muñecas con diferentes materiales. Incluso, usaban hojas de maíz.

Hoy en día, los niños le pegan a una pelota con un bate. En el pasado, los niños hacían bates con palos grandes. ¿Cómo se llamaba ese juego? Lo llamaron *stick ball*, un béisbol de calle.

papalote hecho en casa

muñeca de hojas de maíz

153

✔ Pensamiento crítico

Ahora, responde a las preguntas. Usa el texto de "Carola y Azucena" como base para tus respuestas.

1 **¿Qué quiere hacer Carola primero?**

A saltar la cuerda

B ir al parque

C montar bici

2 **¿Por qué Azucena está contenta de montar bici?**

A porque quería montar bici

B porque puede llegar rápido al parque

C porque puede montar bici hasta la tienda

3 **¿Qué predijiste que harían Carola y Azucena? ¿Qué hicieron? Escribe sobre eso.**

Ahora, responde a las preguntas. Usa el texto de "Hecho en casa" como base para tus respuestas.

1 **¿De qué trata la historia principalmente?**

A de los juguetes que los niños hacían en el pasado

B de los juguetes que los niños hacen ahora

C de cómo hacer muñecas

2 **¿Qué juguetes tienen un rótulo?**

A un tren

B una muñeca de tela

C una muñeca de hojas de maíz

A escribir

SUGERENCIA ¿En qué se diferencian los juguetes de las fotos de los juguetes que los niños tienen hoy en día? Escribe tanto como puedas y lo mejor que puedas.

Glosario

¿Qué es un glosario?

Un glosario te ayuda a conocer el significado de las palabras. Las palabras están listadas en orden alfabético. Puedes buscar una palabra y leer una oración con esa palabra. Para ayudarte, también hay una ilustración.

helado

papalote

Ejemplo de entrada

Letra

Ll

Entrada

Oración

ladera

El trineo baja por la **ladera**.

sombrero

Bb

béisbol

Isa y Tato juegan al **béisbol**.

Cc

cencerro

La vaca tiene un **cencerro** azul.

Ff

fiesta

Los niños están en una **fiesta**.

Gg

grande

La ballena es un animal muy **grande**.

Hh

helado

A Lola le gusta mucho el **helado**.

Ll

ladera

El trineo baja por la **ladera**.

Mm

muge

La vaca **muge**.

Oo

ola

Una **ola** se acerca al castillo de arena.

Pp

papalote

Me gusta jugar con mi **papalote**.

parque

Los niños están en el **parque**.

premio

Marina recibe un **premio** en la escuela.

Qq

queso

El ratón come **queso**.

Rr

regalo

Luisa lleva un **regalo** muy grande.

Ss

sombrero

Pedro tiene un **sombrero** rojo.

Tt

títeres

Los niños ven el espectáculo de **títeres**.

traje

El niño lleva un **traje** de charro.

Acknowledgments

The publisher gratefully acknowledges permission to reprint the following copyrighted material:

LA VAQUITA DE MARTÍN by Valentín Rincón. Copyright © 2001 by Editorial Trova, S.A. de C.V. Reprinted with permission of Editorial Trova.

Book Cover, LAS MÁGICAS Y MISTERIOSAS AVENTURAS DE UNA BULLDOG LLAMADA NOELLE by Gloria Estefan. Copyright © 2005 by Estefan Enterprises, Inc./(P) Sony BMG Music Entertainment, Inc. Reprinted with permission of Harper Collins Publishers, Inc., NY.

ILLUSTRATIONS
Cover: Pablo Bernasconi.

12-15: Javier Gonzalez Burgos. 16-33: Erika Magaña. 36-39: Valeria Petrone. 44-47: Gerardo Suzán. 48-65: Michael Garland. 68-71: Tomek Bogacki. 84: K. Michael Crawford. 92-95: Santiago Cohen. 96-111: G. Brian Karas. 122-125: Elivia Savadier. 126-141: John Parra. 150-155: Elivia Savadier. 157-158, 160 (bl), 163 (tr), 164 (tl), 165 (br): Liz Goulet Dubois. 161: Janee Trasler.

PHOTOGRAPHY
All Photographs are by Macmillan/McGraw-Hill (MMH) except as noted below:

6-7: Bruno De Hogues/Getty Images, Inc. 9: (br) AP Photo/ Eric Gay. 10-11: ImageSource/Punch Stock 72: (tr) Dynamic Graphics Group/Creatas/Alamy. 73: (tc) Hemera Technologies/ Alamy; (tr) Photodisc/Getty Images, Inc. 74-75: (bkgd) ©The Art Archive/Neil Setchfield. 76: (cr) Gail Vachon. 77: (bc) Jim Lane/Alamy. 78: (tr) Brooklyn Museum/Corbis; (bl) Scala/Art Resource. 79: (tc) Jon Arnold Images/Alamy. 80: (c) Giraudon/Art Resource. 81: (tc) Scala/Art Resource. 82: (tc) Frans Lanting/Corbis. 83: (tc) Brooklyn Museum/ Corbis. 87: (tl) Stephen Alvarez/NGS Image Collection; (tc) Atlantide Phototravel/Corbis; (tr) Lynne Reynolds/Brand X Pictures/Jupiter Images. 88: (c) Julia Woolf. 90-91: (bkgd) Myrleen Ferguson Cate/Photo Edit Inc. 92-93: (bkgd) Jack Hollingsworth/Getty Images, Inc. 114-115: (b) Brand X Pictures/ Getty Images, Inc.; Michael Keller/CORBIS. 116: (tr) Courtesy Aida Marcuse. 118: (bl) Brand X Pictures/Getty Images, Inc.; (bc) Michael Keller/CORBIS; (cr) LWA-Dann Tardif/CORBIS. 119: (t) Michael Keller/CORBIS. 120: (t) Brand X Pictures/Getty Images, Inc.; (bkgd) Chris Arend/Alaska Stock Images. 144: (b) A. Ramey/Photo Edit Inc. 145: (tr) Laura Dwight/Omni-Photo Communications Inc.; (b) Brand X Pictures/Picture Quest/ Jupiter Images. 146: (t) Lawrence Migdale/PIX; (cl) Michael Newman/Photo Edit Inc.; (cr) Phil Schermeister/CORBIS. 147: (t) Ted Streshinsky/CORBIS; (cr) Nik Wheeler/CORBIS. 148: (cr) Pedro Coll/AGE Fotostock America. 152: (c) Enzo & Paolo Ragazzini/CORBIS. 153: (tr) C Squared Studios/Getty Images; (br) Sherman/Getty Images; (bc) David Lassman / Syracuse Newspapers / The Image Works. 156: (cl) ©Creatas/ PunchStock; (b) ©Royalty-Free/Kane Skennar/Digital Vision/ Getty Images. 157: (bc) Digital Vision Direct. 159: (tc) © Blend Images / Alamy; (bc) © ImageState / Alamy. 161: (tc) © ACE STOCK LIMITED / Alamy. 162: (bc) © Bill Bachmann / Alamy. 163: (bc) © Juniors Bildarchiv / Alamy. 164: (bc) Digital Vision Direct. 6-7: (bkgd) Bruno De Hogues/Getty Images. 8: (l) Rubberball/PunchStock.

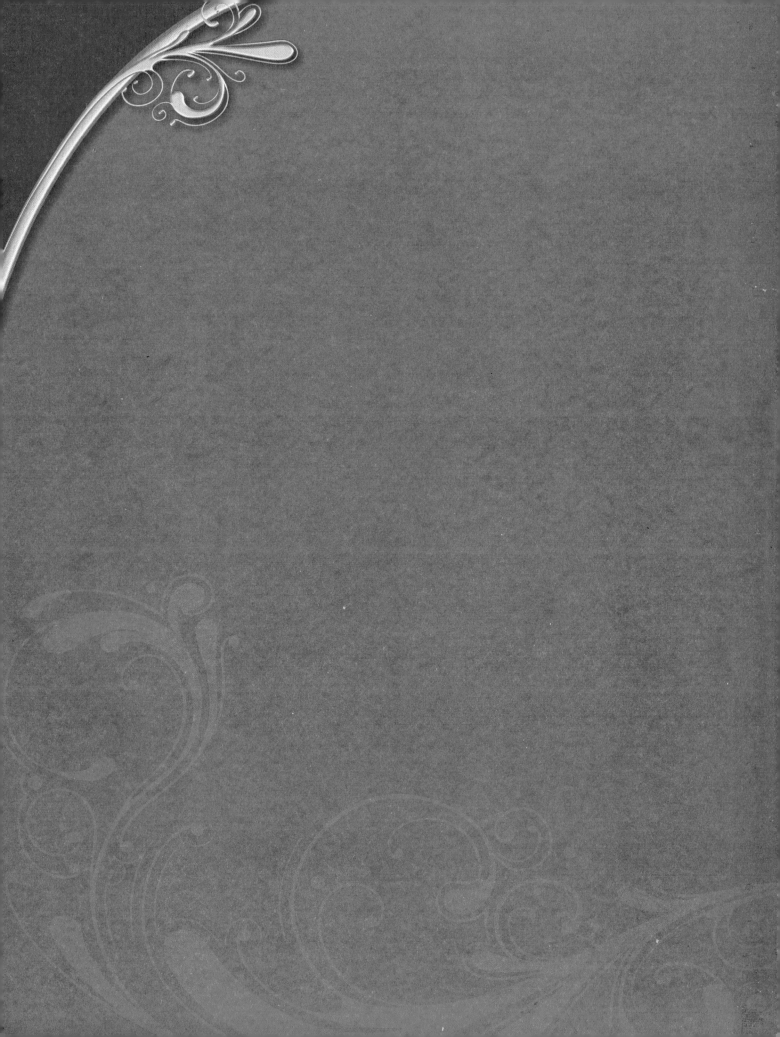